# Trzy Koziołki Spryciołki

# The Three Billy Goats Gruff

retold by
Henriette Barkow

illustrated by
Richard Johnson

MANTRA LINGUA

Dawno temu żyły sobie trzy Koziołki Spryciołki, które mieszkały po stronie bardzo stromego wzgórza. Koziołki Spryciołki zjadły całą zieloną trawkę i musiały udać się w poszukiwaniu nowego pożywienia.

Once there were three very hungry billy goats called Gruff. They lived on the side of a steep, steep hill. The Billy Goats Gruff had eaten all the green, green grass and needed to find some food.

Koziołki Spryciołki widziały, że nieopodal w dolinie pełno jest świeżej i
zielonej trawki, ale żeby się do niej dostać, musiały przejść przez most.
A pod mostem zamieszkiwał zły i głodny...

In the valley below the Billy Goats Gruff could see the fresh green
grass, but to reach it they had to cross over a bridge.
And under that bridge lived a mean and hungry ...

TROLL.

TROLL.

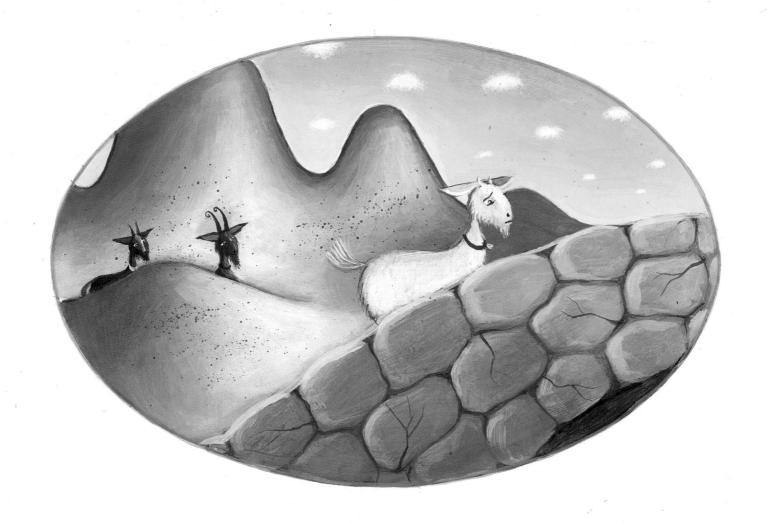

– Jestem głodny! – powiedział pierwszy Koziołek Spryciołek. – I mam ochotę na tę świeżą, zieloną trawkę. Lecz zanim bracia mogli go powstrzymać, koziołek udał się w drogę.
**Tup tup, tup tup** wszedł na most stukając kopytkami i wtedy...

"I'm hungry!" said the first Billy Goat Gruff. "And I'm going to eat that fresh green grass," and before the others could stop him, off he ran.
**Trip trap, trip trap** across the bridge he went when ...

rozległ się potężny głos – Kto ośmiela się **stukać kopytkami** po **moim** moście?
– To tylko ja – odezwał się najmłodszy Koziołek Spryciołek cichutkim i przerażonym głosikiem.

a voice roared: "Who's that **trip trapping** on **my** bridge?"
"It's only me," said the youngest Billy Goat Gruff, in a tiny, trembling voice.

– A ja jestem zły i bardzo głodny, i zamierzam cię pożreć! – groźnie ryknął troll.
– Proszę, nie jedz mnie. Jestem przecież taki malutki i chudziutki. Niebawem nadejdzie
mój brat, a on jest o wiele większy ode mnie – błagał najmłodszy Koziołek Spryciołek.

"Well, I'm mean, and I'm hungry and I'm going to eat you up!" growled the Troll.
"Please, don't eat me. I'm only little and thin. My brother is coming and he's much
much bigger than me," pleaded the youngest Billy Goat Gruff.

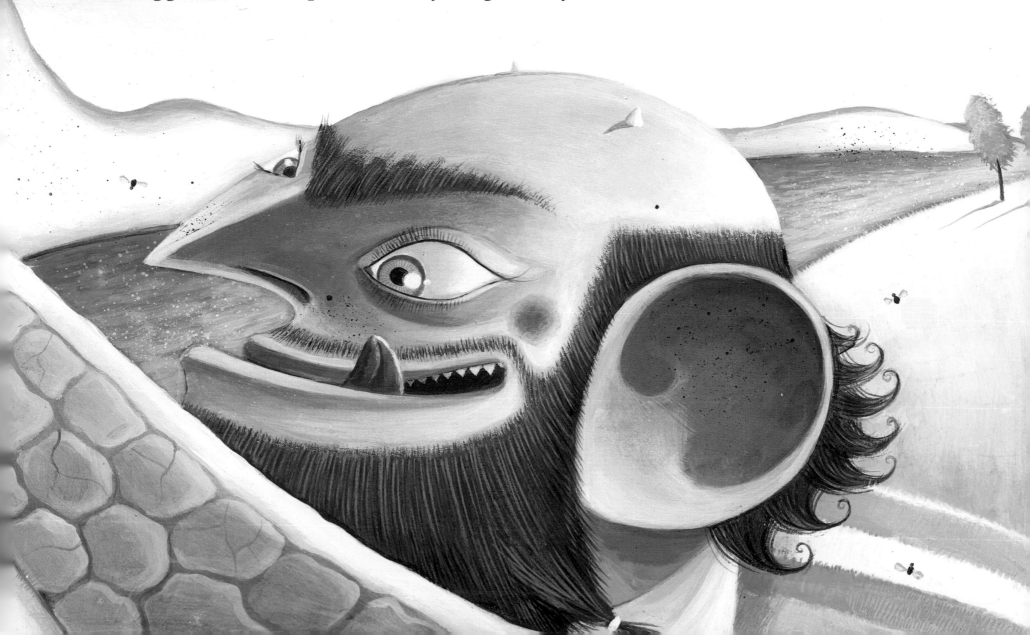

– To prawda, została z ciebie tylko skóra i kości – zgodził się troll. – Nie ma na tobie ani grama tłuszczu. Poczekam sobie na twojego większego brata.
I tak oto pierwszy Koziołek Spryciołek przeszedł przez most i ze smakiem zaczął zajadać świeżą, zieloną trawkę.

"Well yes, you *are* all skin and bones," agreed the Troll. "There's no meat on you. I'll wait for your bigger brother."
So the first Billy Goat Gruff crossed over the bridge and started to eat the fresh green grass.

Drugi Koziołek Spryciołek odrzekł – Jeśli mój brat przeszedł przez most,
ja też mogę to zrobić.
**Tup tup, tup tup** wszedł na most stukając kopytkami i wtedy...

The second Billy Goat Gruff said, "If my little brother can cross the bridge,
then so can I!"
**Trip trap, trip trap** across the bridge he went when ...

rozległ się potężny głos – Kto ośmiela się **stukać kopytkami** po **moim** moście?
– To tylko ja – odezwał się drugi Koziołek Spryciołek cichutkim i przerażonym głosikiem.

a voice roared: "Who's that **trip trapping** on **my** bridge?"
"It's only me," said the middle Billy Goat Gruff, in a small, scared voice.

– A ja jestem zły i bardzo głodny, i zamierzam cię pożreć! – groźnie ryknął troll.
– Proszę, nie jedz mnie. Jestem przecież taki malutki i chudziutki. Niebawem nadejdzie mój brat, a on jest o wiele większy ode mnie – błagał drugi Koziołek Spryciołek.

"Well, I'm mean, and I'm hungry and I'm going to eat you up!" growled the Troll.
"Please don't eat me. I'm only little and thin. My other brother is coming and he's much much bigger than me," pleaded the middle Billy Goat Gruff.

– To prawda, została z ciebie tylko skóra i kości – zgodził się troll. – Nie ma
na tobie ani grama tłuszczu. Poczekam sobie na twojego większego brata.
I tak oto drugi Koziołek Spryciołek przeszedł przez most i ze smakiem
zaczął zajadać świeżą, zieloną trawkę.

"That's true, you *are* all skin and bones," agreed the Troll. "There's not enough
meat on you. I'll wait for your bigger brother."
So the second Billy Goat Gruff crossed over the bridge and started to eat the
fresh green grass.

Dwa koziołki pasły się na zielonej łące, a ostatni bardzo głodny koziołek pozostał w tyle.
W jaki sposób trzeci i najstarszy Koziołek Spryciołek przedostanie się przez most?

Now there were two billy goats in the fresh green meadow and one very
hungry billy goat left behind.
How could the third and oldest Billy Goat Gruff cross over the bridge?

– No cóż – pomyślał sobie trzeci Koziołek Spryciołek – Jeśli moi bracia przeszli
przez most, ja też mogę to zrobić!
**Tup tup, tup tup** wszedł na most stukając kopytkami i wtedy…

"Well," thought the third Billy Goat Gruff, "if the others can cross that bridge then so can I!"
**Trip trap, trip trap** across the bridge he went when …

rozległ się potężny głos – Kto ośmiela się **stukać kopytkami** po **moim** moście?
– To ja! – krzyknął najstarszy Koziołek Spryciołek. – Jestem duży i silny, i wcale
się ciebie nie boję! – ale tak naprawdę się bał.

a voice roared: "Who's that **trip trapping** on **my** bridge?"
"It's me!" bellowed the oldest Billy Goat Gruff. "And I'm big, and I'm strong,
and I'm not scared of you!" - although he really was.

– A ja jestem zły i bardzo głodny, i zamierzam cię pożreć! – groźnie ryknął troll.
– Tak ci się tylko wydaje! – odrzekł najstarszy koziołek. – Możesz być zły i możesz być głodny, ale jeśli chcesz mnie zjeść, musisz mnie złapać.

"Well, I'm mean, and I'm hungry and I'm going to eat you up!" growled the Troll. "That's what you think!" said the oldest Billy Goat Gruff. "You may be mean, and you may be hungry. But if you want to eat me, come and get me."

Troll wdrapał się na most i rzucił się na trzeciego Koziołka Spryciołka.

The Troll climbed onto the bridge and rushed towards the third Billy Goat Gruff.

Ale trzeci Koziołek Spryciołek już na niego czekał. Obniżył rogi, zastukał kopytkami... **tup tup, tup tup** i skoczył w kierunku trolla.

But the third Billy Goat Gruff was ready for him. He lowered his horns, he stamped his hooves ... **trip trap, trip trap** ... and charged towards the Troll.

Trzeci Koziołek Spryciołek ubódł ostrymi rogami złego i głodnego trolla.

The third Billy Goat Gruff butted that mean and hungry Troll with his big sharp horns.

Troll wyleciał w powietrze i z wielkim pluskiem wylądował
w bardzo zimnej wodzie.

The Troll went flying through the air and landed with a mighty splash,
in the cold, cold water.

Głęboki nurt rzeki uniósł złego i głodnego trolla w kierunku morza,
i nikt go już więcej nie widział.

The deep, deep river carried the mean and hungry Troll
out to sea and he was never seen again.

A MOŻE WIDZIAŁ?

OR WAS HE?

Trzy Koziołki Spryciołki nie są już teraz głodne.
Zielonej trawki mają pod dostatkiem. A po moście mogą
chodzić **stukając kopytkami**, kiedy tylko mają na to ochotę.

Now the three Billy Goats Gruff aren't hungry anymore.
They can eat as much fresh green grass as they want.
And they can **trip trap** across the bridge whenever they like.

*For Debbie, Sara, Katey, Jimbo, Rob & all the trolls!*
*H.B.*

**To Mum, Dad, Laura & David**
**R.J.**

First published in 2001 by Mantra Lingua
Global House, 303 Ballards Lane, London N12 8NP
www.mantralingua.com

Text copyright © 2001 Henriette Barkow
Illustration copyright © 2001 Richard Johnson
Dual language text copyright © Mantra Lingua
Audio copyright © 2008 Mantra Lingua

This sound enabled edition published 2014

Printed in UK